EIN TAG IM ALTEN ROM

Eine Geschichte von Christa Holtei
mit Bildern von Astrid Vohwinkel

CARLSEN

Rom war vor 1900 Jahren die Hauptstadt des riesigen Römischen Reiches. Heute ist Rom die Hauptstadt Italiens.

1. Kolosseum: Das größte Amphitheater Roms für verschiedene Veranstaltungen.

2. Jupitertempel: Der Tempel des Gottes Jupiter auf dem Kapitol, einem der sieben Hügel

3. Forum Romanum: Der riesige „Marktplatz" vom Kapitol bis zum Kolosseum mit Tempeln, Gerichts- und Verwaltungsgebäuden.

4. Julias Haus: Ein zweistöckiges Haus. Im Erdgeschoss ist der Buchladen von Julias Vater.

5. Kaiserforum: Der zweite Marktplatz in Rom mit Verwaltungsgebäuden und einem Kauf-

6. Bibliothek: Zwei Häuser auf dem Forum des Kaisers Trajan, in denen Bücher und Schriftrollen aufbewahrt werden.

7. Circus Maximus: Die große Rennbahn für Wagenrennen.

ROM VOR 1900 JAHREN 120 n. Chr.

Julia ist sechs Jahre alt. Sie wohnt in einer belebten Straße in Rom. Als Julia morgens aufwacht, fällt es ihr sofort ein: Heute darf sie zum ersten Mal mit zum Wagenrennen gehen! Schnell springt sie aus dem Bett und tritt auf den Balkon. Wie schön! Das Wetter ist gut!

Dann läuft sie zu ihrer Mutter Flavia. „Wann gehen wir endlich?", fragt sie.
Aber Flavia kann ihr nicht antworten. Sie muss stillhalten, denn sie wird gerade
von ihrer Sklavin Cornelia frisiert. Wie lange das dauert! Aber endlich ist
Flavia fertig und steht auf. „Du musst noch ein bisschen warten!", sagt sie.
„Deine Tante Livia will uns doch abholen. Komm erst frühstücken."

Flavia nimmt Julia mit in die Küche. Schnell wäscht Julia sich. Dann verreibt sie Zahnpulver und spült sich den Mund aus. Hier in der Küche gibt es fließendes Wasser und eine Toilette. Wie gut, dass Julia in einem Haus wohnt, das einen Wasseranschluss hat!

Andere Römer müssen zu den öffentlichen Toiletten auf einem der Marktplätze laufen. Dort sind in einer großen Halle Reihen mit steinernen Lochsitzen aufgestellt. Das sind die Toiletten. Und als Toilettenpapier benutzen sie einen Stab mit einem feuchten Schwamm, den sie in einer Rinne mit fließendem Wasser wieder reinigen können.

Als Julia ins Esszimmer kommt, fragt ihr Vater Fabius: „Hast du gut geschlafen?" Julia nickt. „Wann kommen Tante Livia und Claudia endlich?", will sie wissen. „Heute ist doch das Wagenrennen!"

„Ja natürlich!", sagt Fabius. „Aber bevor wir gehen, opfern wir noch unseren Hausgöttern, damit es ein guter Tag wird." Und wie jeden Morgen versammelt sich die Familie mit allen Sklaven des Haushalts vor dem Schrein für die Hausgötter.

Vieles ist im alten Rom anders als heute

Aquädukte – römische Wasserleitungen

Aquädukte sehen aus wie lange, dreistöckige Brücken. Ganz oben fließt frisches
Fluss- und Quellwasser durch eine gemauerte Röhre. Das Wasser fließt viele
hundert Meter weit aus dem nahen Gebirge bis nach Rom. Dort erreicht es
Brunnen, öffentliche Toiletten, Bäder und auch manche Häuser der Stadt.

Latrinen – öffentliche Toiletten

In den öffentlichen Toiletten gibt es lange Steinbänke mit Öffnungen.
Fließendes Wasser unter den Bänken spült den Dreck weg.
Bis zu 50 Personen können die Latrine gleichzeitig benutzen.

Sklaven

Fast alle Römer besitzen Sklaven. Sie sind Unfreie, also Menschen, die von einem Herrn gekauft werden und für ihn im Haus oder im Laden, in der Werkstatt oder auf den Feldern arbeiten. Manche Sklaven sind gebildete Lehrer oder Schreiber oder vertreten ihre Herren sogar bei deren Handelsgeschäften.

Hausgötter

Römische Häuser und Mietwohnungen haben im Eingangsraum einen Altar für die Laren, die Schutzgeister des Hauses, und die Penaten, die Schutzgeister der Familie. Die Familie bittet die Götter, sie zu beschützen. Deshalb stellt sie jeden Morgen Wein, Brot, Kuchen und andere Geschenke auf den Hausaltar. Das nennt man opfern.

Julia springt die Treppe hinunter. Claudia und Tante Livia sind immer noch nicht da!
Unten im Haus geht sie in die Buchhandlung ihres Vaters. In den Regalen liegen viele
Papyrusrollen. Das sind die Bücher, die Fabius verkauft. Sie sind auf lange Bänder aus
aneinandergeklebten Papyrusblättern geschrieben. Papyrus ist eine Art Papier aus
Ägypten. Die Bänder sind über einen Stock gerollt, damit man sie leichter lesen kann.

Fabius ruft Philon, seinen griechischen Sklaven, zu sich. Philon ist Schreiber. „Geh zur
Bibliothek", sagt er zu ihm. „Sie haben dort das Buch, das Titus bei mir bestellt hat.
Bring es mit und gib es Claudius, damit er es abschreibt. Er muss in spätestens zwei
Wochen damit fertig sein!" Philon macht sich sofort auf den Weg.

Als Julia mit ihren Eltern auf die Straße tritt, kommen Claudia und Tante Livia auf sie zu. Endlich! Onkel Marcus ist auch dabei. Julia läuft sofort zu ihrer Cousine Claudia. Sie ist genauso aufgeregt, denn sie war auch noch nie beim Wagenrennen. „Stell dir vor", ruft Claudia, „Vater sagt, Diocles ist auch dabei!" Den Namen kennt jeder in Rom. Diocles ist der berühmteste Wagenlenker. Ob er wieder gewinnt? Julia ist sehr gespannt.

Die Familien gehen über den großen
Platz, das Forum Romanum. Das
Gedränge ist heute noch größer als
sonst. So viele Menschen wollen das
Rennen sehen! Fabius und Marcus
bahnen mühsam für ihre Familien
einen Weg durch die Menge. Dicht
hinter ihnen schreit plötzlich jemand:
„Macht Platz! Macht Platz!" Alle
springen zur Seite. Es bildet sich eine
Gasse für eine reiche Dame, die von
vier Sklaven in einer Sänfte getragen
wird. Ob sie auch zum Rennen will?

Endlich sitzen sie im Circus Maximus –
so heißt die Rennbahn in Rom. Mit großen
Augen sehen sich Julia und Claudia um.
„Ihr müsst gleich auf die Blauen achten!",
sagt Fabius. „Diocles fährt das blaue
Gespann!" Und Onkel Marcus erklärt:
„Das Wichtigste ist, dass sein Gespann
gut um die beiden Kurven kommt. Die
sind am gefährlichsten, denn da kann
ein Wagen einfach umkippen."

Plötzlich bricht lauter Jubel aus und Livia
ruft: „Da kommt der Kaiser mit seiner
ganzen Familie!" Tatsächlich! Sogar Kaiser
Hadrian, der Herrscher des riesigen
Römischen Reiches, tritt mit seiner Frau
Vibia Sabina in seine Loge, um dem
Rennen zuzusehen! So nah haben Julia
und Claudia den Kaiser noch nie gesehen!

Trompeten erschallen. Es geht los! Sieben Runden müssen die Pferde laufen. Bei jeder Runde klappen die Helfer an den beiden Kurven entweder ein großes vergoldetes Ei oder einen Delfin aus Marmor herunter. So wissen alle, wie viele Runden noch übrig sind. „Gut!", jubelt Onkel Marcus. „Der Start ist gelungen!" Julia und Claudia springen auf. Diocles' Wagen schwankt nur wenig, als er um die Kurve rast. Und dann fährt das blaue Gespann sogar als erstes auf der Bahn weiter! Die Zuschauer jubeln und feuern den berühmten Wagenlenker an. „Vorwärts, Diocles!", schreien auch die Mädchen.

Und dann ist das aufregende Rennen schon vorbei! Das blaue Gespann hat wirklich gewonnen. Stolz dreht Diocles eine Ehrenrunde. Als der Kaiser ihm persönlich die Siegespalme überreicht, ist der Jubel der Zuschauer unbeschreiblich. Julia und Claudia müssen sich sogar die Ohren zuhalten, so laut ist es.

Zufrieden gehen die beiden Familien wieder aus dem Circus Maximus hinaus. An einer Bude mit Andenken kauft Fabius für die beiden Mädchen kleine Öllämpchen aus Bronze, auf denen ein Wagenrennen dargestellt ist. „Zur Erinnerung an euer erstes Rennen", sagt er lächelnd. Julia und Claudia strahlen.

Abends liegen alle im Esszimmer um den Tisch und lassen es sich schmecken.
„Es war das beste Rennen, das ich je gesehen habe", seufzt Onkel Marcus zufrieden
und steckt sich ein Stück Käse in den Mund. Julia lächelt. Sie freut sich schon
auf das nächste Mal.